Inhalt

Unternehmensfortführung - Strategien zur erfolgreichen Unternehmensnachfolge

Kernthesen

Beitrag

Fallbeispiele

Weiterführende Literatur

Impressum

Unternehmensfortführung - Strategien zur erfolgreichen Unternehmensnachfolge

Michaela Dengl

Kernthesen

- Laut einer Studie des Deutschen Industrie- und Handelskammertags (DIHK) fehlen derzeit in bis zu 5 000 Unternehmen Nachfolger, weil familienintern keine geeigneten oder willigen Kandidaten zur Verfügung stehen.
- Am wichtigsten ist eine frühzeitige und sorgfältige Planung der Unternehmensnachfolge, da es sowohl wirtschaftliche, rechtliche wie auch

steuerliche Fragen zu klären gibt.
- Die meisten Mittelständler setzen, falls keine geeigneten Familienmitglieder Interesse an der Firmennachfolge zeigen, auf externe Manager und Berater.

Beitrag

Probleme bei der Unternehmensnachfolge

Das Bonner Institut für Mittelstandsforschung (IfM) rechnet damit, dass bis zum Jahr 2014 in 110 000 Familienbetrieben nach einem geeigneten Nachfolger gesucht wird. Oftmals besteht der Wunsch nach einem Nachfolger aus den eigenen Reihen, doch bei 14 Prozent aller Unternehmensübergaben ist kein geeigneter Kandidat in Sicht. Hinzu kommt natürlich, dass eine familieninterne Lösung kein Garant für unternehmerischen Erfolg ist, was prominente Beispiele wie Motorola, Karmann oder Quelle zeigen. Nicht wenige Unternehmen, die in der Familie blieben, scheiterten beispielsweise an fehlender Innovationsfähigkeit oder an fehlenden Branchenkenntnissen seitens der Erben.

Ein weiterer Grund für eine nicht reibungslose Unternehmensnachfolge kann aber auch das nur schleppende "Loslassen" des Firmengeschäfts seitens des Seniors sein. Dabei bedeutet eine Unternehmensübergabe nicht zwangsläufig ein Aufgeben sämtlicher Aktivitäten. Eine Berufung in einen Beirat oder die Vertretung des Unternehmens bei Verbänden könnten durchaus noch eine sinnvolle Unterstützung durch den Senior sein, während die operativen Tätigkeiten bei der Geschäftsführung bleiben.

Auch den richtigen Zeitpunkt zur Übergabe zu finden, ist schwierig. In vielen Familien wird das Thema gern verschoben. Für den Fall, dass keine familieninterne Lösung gefunden wird, gilt es zudem zu entscheiden, ob das Unternehmen künftig von familienexternen Managern geführt wird oder ob es verkauft wird. Die Einbeziehung von Beratern kann in allen Fällen durchaus sinnvoll sein. (1), (2)

Schritte auf dem Weg zu einer erfolgreichen Unternehmensnachfolge

Um eine Unternehmensnachfolge erfolgreich abzuschließen, ist eine sorgfältige und frühzeitige

Planung unabdingbar, da es sowohl wirtschaftliche, rechtliche wie auch steuerliche Fragen zu klären gibt. Der bisherige Geschäftsführer muss sich über den Zeitpunkt der Übergabe klar sein, dies auch frühzeitig kommunizieren und sich dann konsequent aus dem operativen Geschäft zurückziehen. Wichtig ist, das Unternehmen dann wirklich dem Nachfolger zu überlassen, ohne sich künftig noch unaufgefordert einzumischen. Wünschenswert ist allerdings oftmals, dass der Senior noch beratend tätig bleibt. So kann der Betrieb weiterhin von seiner Erfahrung und seinem Wissen profitieren. Wichtig sind in dem Zusammenhang aber klare Absprachen zu den vereinbarten Rollen und ein konsequentes Einhalten derer.

Im Sinne der Unternehmensfortführung ist es auch bei einer familieninternen Lösung vor der Übergabe wichtig, die Eignung des Nachfolgers möglichst objektiv zu bewerten. Sollte keine interne Lösung gefunden werden, kann auf externe Manager oder aber auf die eigenen Führungskräfte im Unternehmen zurückgegriffen werden. Letzteres ist oftmals sinnvoll, da diese den Betrieb bereits kennen. Bei komplexen Nachfolgeregelungen sollte man sich nicht scheuen, auf die Hilfe von externen Beratern zurückzugreifen.

Unterstützung kommt bei der Nachfolgeplanung - nicht ganz uneigennützig - oftmals auch von Seiten der Hausbanken. Beispielsweise bieten viele Sparkassen ihren mittelständischen Kunden im Zuge von Rating- und Finanzchecks Beratungsgespräche über einen sogenannten "Notfallplan" an, sobald das Thema Unternehmensnachfolge absehbar ist. Die Firmeninhaber werden aufgefordert, sich darüber Gedanken zu machen, was im Falle einer Krankheit oder gar Tod mit dem Unternehmen passieren soll. So wird oftmals automatisch die Nachfolge geklärt.

Auch staatlicherseits geht man das Thema Unternehmensnachfolge inzwischen durchaus aktiver an. So gibt beispielsweise das Bundesministerium für Wirtschaft und Technologie (BMWi) im Rahmen der "nexxt" Initiative Unternehmensnachfolge die Broschüre "Unternehmensnachfolge: Die optimale Planung" heraus und auch auf Länderebene gibt es diverse kostenlose Publikationen zu der Thematik, wie z.B. "Unternehmensnachfolge in Bayern". Darüber hinaus gibt es noch diverse Kampagnen dazu. So wurde beispielsweise seitens des hessischen Wirtschaftsministerium am 3. Dezember 2010 in Frankfurt die "Kampagne für Weitermacher - Die Initiative zur Unternehmensnachfolge im hessischen Handel" ins Leben gerufen. Dabei flossen Gelder in Höhe von 134 000 Euro sowohl aus dem Landeshaushalt, als auch aus dem Europäischen Fond für regionale Entwicklung. Das Projekt soll erst einmal für zwei Jahre bestehen bleiben. Die

Teilnehmer der Veranstaltung konnten sich bei diversen Vorträgen zur Thematik informieren. In Hessen stehen etwa 8 700 Unternehmen vor dem Problem der Unternehmensübergabe. Im Laufe der nächsten zwei Jahre können Interessierte im Rahmen der Kampagne Informationsveranstaltungen, Seminare und Workshops besuchen. (2), (3), (4), (5), (9), (10)

Trends

Rentner geben Erfahrung und Wissen weiter

Viele erfolgreiche Manager setzen sich mit Erreichen des offiziellen Rentenalters nicht zur Ruhe, sondern stellen ihr erworbenes Wissen und ihre Erfahrung anderen Unternehmen zur Verfügung. Davon profitieren die Senioren, wie auch die Firmen. So vermittelt beispielsweise die Organisation Senior Experten Service (SES) Senioren ehrenamtlich an Firmen weiter, die Hilfe benötigen. Über 8 800 Ehrenamtliche können so ihr jahrelang erworbenes Wissen an in- und ausländische Mittelständler weitergeben. Auch Konzerne wie Otto und Metro unterstützen diese Entwicklung beispielsweise über das Internetportal "Erfahrung Deutschland". Dort sind insgesamt "398 764 Jahre Führungserfahrung" gegen ein Honorar zu haben. (6)

Fallbeispiele

Nachfolgeregelung in der Versicherungsbranche

Der Rechtsanwalt Hans-Ludger Sandkühler hat eine Art Leitfaden für eine erfolgreiche Unternehmensnachfolge bei Versicherungsmaklern veröffentlicht. In den nächsten fünf Jahren wird ein Viertel der Versicherungsmakler in Rente gehen. Wenn man bedenkt, dass eine erfolgreiche Unternehmensübergabe laut Experten eine fünfjährige Vorbereitungsphase erfordert, sollten eigentlich viele davon schon in den Startlöchern stehen. Die Broschüre will Antworten geben auf wirtschaftliche, rechtliche und psychologische Fragen, die bei einer Übergabe zu bedenken sind. Aber auch die Bewertung des Maklerunternehmens und Möglichkeiten zur Vertragsgestaltung sind Inhalt der Broschüre. (7)

Erfolgreicher Generationswechsel in der Gastronomie

Ein Beispiel für einen geglückten Generationswechsel in der Gastronomie liefert das Restaurant Kupferkanne in Bad Sobernheim. Ganz klassisch hat hier der Sohn den Betrieb übernommen von den Eltern, die das Restaurant dreißig Jahre lang geführt haben. Um auch weiterhin erfolgreich zu sein, investierte er aber zunächst einen sechsstelligen Betrag, um den Betrieb zu modernisieren. Sowohl das Interieur, das zeitgemäß erneuert wurde, wie auch die Restaurantkarte, die ab sofort preiswerte regionale und saisonale Gerichte anbietet, lockten neue und alte Gäste an. Der Umsatz stieg um fünfzig Prozent. (8)

Anlaufschwierigkeiten bei externe Lösungen von GMT Gothaer Meliorations- und Tiefbau

Bei der GMT Gothaer Meliorations- und Tiefbau wurde mit Hilfe von Beratern erfolgreich eine Nachfolgelösung mit einem externen Manager gefunden. Der neue Geschäftsführer Knut Mayer suchte selbst aktiv die Herausforderung, nachdem sein Weg auf der Karriereleiter bei einem hessischen Mittelständler aus der gleichen Branche nicht mehr weiterführte. Ein wirtschaftlich solides Unternehmen, abgegeben in erfahrene Hände. Doch trotz dieser scheinbar idealen Lösung gestaltete sich die Übernahme nicht immer einfach. Bis die Finanzierung stand, vergingen Monate. (3)

Im Fall Burda lockten auch steuerliche Gründe

Eine Nachfolgeregelung aus dem Steuerlehrbuch bescheinigen Experten Hubert Burda, der im Dezember 2010 seinen Kindern je ein Fünftel der Anteile an seiner Führungsholding überschrieben hat. Burda Senior behält vorerst als persönlich haftender Gesellschafter der Kommanditgesellschaft die Kontrolle über den Konzern. Die Übergabe von Minderheitsbeteiligungen gilt als ein idealer Einstieg in die Nachfolge. Man kann sich den Erbschaftsteuervorteil sichern und gibt trotzdem die Unternehmensführung noch nicht komplett aus der Hand. Im Falle Burda mögen die historisch niedrigen Steuersätze mit eine entscheidende Rolle gespielt haben. Aufgrund der Erbschaftsteuerreform, die 2009 in Kraft getreten ist, lässt sich unter bestimmten Voraussetzungen Betriebsvermögen nach einer Frist von sieben Jahren komplett schenkungs- und erbschaftsteuerfrei übertragen. (11)

Weiterführende Literatur

(1) Erwerben, erben, verderben
aus manager-magazin.de vom 16.02.2011

(2) UNTERNEHMENSNACHFOLGE I Vom Senior zum Junior
aus Sparkasse, März 2011, Nr. 03, S. 34

(3) Chancen beim Generationswechsel
aus 13:21:01

(4) Nachfolge sichern
aus HANDELSJOURNAL NR. 001 VOM 17.01.2011 SEITE 002

(5) Glatter Generationswechsel
aus afz - allgemeine fleischer zeitung Nr. 12 vom 23.03.2011 Seite 003

(6) Unruhige Altmeister
aus Der Handel Nr. 03 vom 09.03.2011 Seite 076

(7) Wie finde ich einen Nachfolger?
aus Versicherungsjournal.de, Ausgabe vom 11.01.2011:

(8) Frischer Wind in der Kupferkanne
aus Allgemeine Hotel- und Gastronomie-Zeitung Nr. 02 vom 08.01.2011 Seite 015

(9) Unternehmensnachfolge in Bayern
aus Allgemeine Hotel- und Gastronomie-Zeitung Nr. 02 vom 08.01.2011 Seite 015

(10) Unternehmensnachfolge - Die optimale Planung
aus Allgemeine Hotel- und Gastronomie-Zeitung Nr. 02 vom 08.01.2011 Seite 015

(11) Der Steuermann Burda Verleger Hubert Burda regelt seine Nachfolge zu einem günstigen Zeitpunkt
aus impulse vom 01.02.2011, Seite 11

Impressum

Unternehmensfortführung - Strategien zur erfolgreichen Unternehmensnachfolge

Bibliografische Information der deutschen Nationalbibliothek

Die Deutsche Nationalbibliothek verzeichnet diese Publikation in der deutschen Nationalbibliografie; detaillierte bibliografische Daten sind im Internet über http://dnb.d-nb.de abrufbar.

ISBN: 978-3-7379-1274-7

© 2015 GBI-Genios Deutsche Wirtschaftsdatenbank GmbH, Freischützstraße 96, 81927 München, www.genios.de

Alle Rechte vorbehalten. Dieses Werk ist einschließlich aller seiner Teile – z.B. Texte, Tabellen und Grafiken - urheberrechtlich geschützt. Jede Verwertung außerhalb der Grenzen des Urheberrechtsgesetzes bedarf der vorherigen Zustimmung des Verlags. Dies gilt insbesondere auch für auszugsweise Nachdrucke, fotomechanische

Vervielfältigungen (Fotokopie/Mikroskopie), Übersetzungen, Auswertungen durch Datenbanken oder ähnliche Einrichtungen und die Einspeicherung und Verarbeitung in elektronischen Systemen.